AF339184

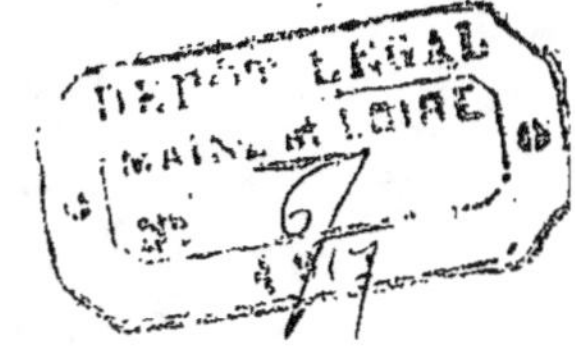

LA LOI

DITE

DES " LOYERS "

telle qu'elle a été votée le 12 Juillet
par la Chambre des Députés

LES EXONÉRATIONS DES CONTRIBUTIONS FONCIÈRES

A PROPOS DE L'IMPÔT SUR LE REVENU

PAR

J. ROUAULT

PRÉSIDENT DE LA LIGUE DE DÉFENSE DES PETITS PROPRIÉTAIRES DE PARIS
ET DE PROVINCE
SECRÉTAIRE GÉNÉRAL DE LA FÉDÉRATION NATIONALE DES GROUPEMENTS
DE PROPRIÉTAIRES FRANÇAIS

PRIX : 0.60

EN VENTE

AU SIÈGE DE LA LIGUE DE DÉFENSE DES PETITS PROPRIÉTAIRES
DE PARIS ET DE PROVINCE
25, rue de la Reine-Blanche. — PARIS 13e
ET A ANGERS, IMPRIMERIE F. GAULTIER ET A. THÉBERT, 4, RUE GARNIER

1917

PRÉFACE-DÉDICACE

Ce 12 juillet la Chambre des Députés a terminé la discussion de la loi dite des Loyers. Elle a réservé sa décision pour l'article 27 de cette loi, lequel devait résoudre la question de l'indemnité due aux propriétaires. De cette façon les propriétaires n'ont aucunement satisfaction, les *petits* sont même particulièrement lésés par ce renvoi car si la loi acceptée par la Chambre dispense tous les petits locataires de payer leurs dettes, ceux-là qui avaient encore un reste d'honnêteté, se sont dit non sans logique « qu'ils seraient bien naïfs de payer leurs propriétaires puisqu'ils devaient être plus tard exonérés de leurs loyers ». Les locataires sont aussi déçus car les uns et les autres eussent préféré être fixés définitivement. Ils avaient le droit de l'être : M. Viviani, Ministre de la Justice, n'avait-il pas déclaré du haut de la tribune française « qu'il convenait sans plus de retard de solutionner une question véritablement urgente et grave, à la fois complexe et douloureuse qui met aux prises des particuliers de toutes sortes également intéressants, à quelque catégorie qu'ils appartiennent... »

Cette incertitude a créé un malaise général et rien n'est plus qu'elle susceptible d'augmenter le désaccord intérieur.

Les uns, nombreux, semblent par exemple reconnaître dans le gouvernement, auteur des moratoires, le grand coupable, d'autres en rendent responsables les parlementaires ; les sages seuls ont deviné les véritables causes et, conséquemment, les véritables complices de ce désastre économique. Les causes, c'est l'apathie des propriétaires, c'est l'indifférence de ceux qui n'ont pas souffert devant les misères de ceux qui sont ruinés, c'est la dureté des créanciers hypothécaires qui n'ont aucune pitié pour un petit propriétaire privé de ses revenus et attendent le moment d'invoquer contre lui la *clause résolutoire*, c'est la rapacité enfin du gros riche spéculateur qui attend cette ruine pour acquérir des immeubles pour une bouchée de pain. Les complices, mais ce sont les propriétaires petits et moyens qui ont toujours gémi dans leur for intérieur, mais n'ont pas la conception de l'union et de la solidarité.

Et pourtant, René Bazin, de l'Académie française, a, dans un dialogue de « La Tache d'Encre », fait tenir le langage suivant à deux de ses personnages .. « ..., c'est dur, je t'assure, de n'avoir pas le nécessaire ; car pour le superflu — ...

« Oui, c'est la chose dont personne ne se prive. »

Ce langage n'est-ce pas l'expression de ce qu'ils ont vu de leurs yeux et entendu de leurs oreilles? Mais il y a-t-il plus sourd que celui qui ne veut pas entendre et plus aveugle que celui qui ne veut pas voir? Oui c'est dur pour un propriétaire de n'avoir pas le nécessaire et le superflu c'est la chose dont le plus grand nombre des locataires « moratoriés » ne se privent pas. Cette attitude, l'exemple des locataires qui se groupent pour combattre plus aisément devraient, auraient dû plutôt, faire comprendre aux victimes des moratoires que leur intérêt était et est de se grouper nombreux pour être plus forts, et obtenir plus vite l'amélioration de leur sort.

C'est parce que nous n'avons pas été compris malgré nos incessants appels depuis 3 ans que cette situation existe. Nos sociétaires pensent comme nous et amèneront, nous l'espérons, en grand nombre leurs voisins, parents ou amis. Mais si le maximum de nos efforts n'a pas donné le maximum de résultats, nous sommes comme les financiers de haute stature qui, d'après Rosny, « ont de l'estomac, c'est-à-dire une confiance absolue dans le résultat final de leurs combinaisons, car c'est le pessimisme qui attire le malheur en vous débilitant ». Nous avons la conviction que le pays comprendra enfin que nous sommes des français et non des parias et que nous avons le droit à la vie tout comme les gros propriétaires à l'abri des misères actuelles, tout comme les locataires à qui on a accordé le bénéfice du moratorium alors que fonctionnaires ou d'une situation aisée ils eussent pu payer sans se gêner leurs dettes de loyer de la même façon qu'ils ont payé et continuent à payer leurs dettes de boucherie, de charcuterie, de parfumerie, de café, de théâtre, de concert et cinéma.

Nous avons confiance, car nous avons avec le brillant vice-président du Conseil municipal de Paris, Me Ambroise Rendu, l'éminent président de notre Fédération, Me V. Rivier, avocat à la Cour de Grenoble, notre distingué Président d'honneur de la Ligue Me Raoul Foy, des amis sincèrement dévoués à notre cause qui jouissent d'une grande autorité dans le Parlement.

C'est à eux que nous dédions ce petit opuscule. Il sera un témoignage de notre sincère et respectueuse gratitude pour le concours qu'ils nous ont apporté jusqu'ici, pour le concours qu'ils nous apporteront à l'avenir.

C'est à nos sociétaires aussi que nous le dédions. Ils ne trouveront aucune note discordante, aucune observation subversive mais seulement d'abord le texte in-extenso de la loi votée par la Chambre des Députés, puis celui de la loi relative aux exonérations de contributions foncières, — notre opinion de cette loi —. Une étude sur l'impôt sur le revenu, sur son application actuelle, quelques questions de députés et réponse de ministres relatives aux obligations des propriétaires et locataires.

Nous nous réservons de publier plus tard lors du vote définitif de la loi des loyers une étude approfondie de cette loi et de son application pratique.

En publiant cet opuscule nous répondons à de nombreuses demandes, à une nécessité de l'heure; nous croyons également être agréable à la majorité de nos amis, sociétaires et lecteurs.

J. ROUAULT.

Président de la Ligue de Défense
des Petits Propriétaires de Paris et de province,
Secrétaire Général de la Fédération Nationale
des groupements de propriétaires Français.

La *Propriétaire* : Mais, monsieur, j'ai eu mes deux fils tués à la guerre, mon mari est décédé depuis 5 ans. Je ne touche aucun de mes loyers.

Le *Percepteur* : Tout cela m'est égal, vous devez payer, vous paierez, ou je ferai vendre...

Texte complet de la Loi des loyers

PROJET DE LOI relatif aux modifications apportées aux
BAUX ET LOYERS, par l'état de guerre.

*Ce projet de loi, que la Chambre des Députés vient d'adopter, au
cours des séances des 7. 19, 21, 26, 27 et 28 juin, va être soumis au
Sénat qui pourra le modifier.*

*Ce projet ne deviendra loi et ne sera exécutoire que lorsque les
deux Assemblées délibérantes auront adopté un texte unique et que
la loi aura été promulguée par le Président de la République.*

*Ainsi donc pas de confusion ; ce que nous publions aujourd'hui,
n'est pas encore une loi mais un projet de loi que nous donnons in
extenso pour solliciter les observations de nos lecteurs.*

Art. 1er. — Toutes les contestations entre propriétaires et locataires, nées par suite de la guerre et relatives à l'exécution ou à la
résiliation des baux à loyer seront régies par les dispositions
exceptionnelles et temporaires ci-après :

TITRE Ier

RÉSILIATIONS

Art. 2. — Les baux à loyer seront, sans préjudice des causes de
résiliations résultant du droit commun ou des conventions, rési-
liables conformément aux dispositions suivantes.

Art. 3. — Lorsque le locataire a été tué à l'ennemi ou est décédé
de suite de blessures ou de maladie contractée sous les drapeaux,
le bail est résilié de plein droit sans indemnité sur la déclaration
de sa veuve, de ses héritiers en ligne directe, ou, à leur défaut,
de ses héritiers collatéraux si ceux-ci habitaient ordinairement
avec lui les lieux loués.

La déclaration est adressée au bailleur par lettre recommandée.

S'il y a désaccord entre ceux qui ont le droit de réclamer la
résiliation, la commission arbitrale apprécie.

Lorsque le propriétaire établira qu'il a, sur la demande du locataire et pour les convenances personnelles de celui-ci, effectué dans les lieux loués des travaux ou aménagements exceptionnels qu'il devait amortir pendant la durée de la location, la commission arbitrale prévue au titre III de la présente loi pourra, en tenant compte de la situation de fortune des parties et de la plus-value résultant de ces travaux pour l'immeuble, décider que la résiliation aura lieu moyennant une indemnité dont elle fixera le montant et les délais de payement.

Art. 4. — La résiliation du bail peut, dans les mêmes cas, être prononcée sur la demande des autres héritiers du locataire et ayants droit. Elle est alors ordonnée par la commission arbitrale, suivant les circonstances, avec ou sans indemnité.

Art. 5. — La résiliation peut être prononcée sans indemnité, sur la demande de la femme, des enfants ou, à leur défaut, des ascendants des locataires appelés sous les drapeaux, dont le décès, sans avoir été officiellement constaté, peut être présumé.

Elle peut l'être également au profit des autres ayants droit de ce locataire avec ou sans indemnité.

Art. 6. — Lorsque tous les membres d'une société en nom collectif, ou tous les gérants d'une société en commandite simple, ont été tués à l'ennemi ou sont morts des suites de blessures reçues ou de maladies contractées sous les drapeaux, le bail conclu par la société est résilié de plein droit sur la déclaration du liquidateur, ou à défaut de liquidateur, sur la déclaration des héritiers ou ayants droit.

S'il y a désaccord entre les héritiers, la commission arbitrale apprécie.

Si l'un des associés en nom collectif ou en commandite a été tué à l'ennemi ou est mort des suites de blessures reçues ou de maladies contractées sous les drapeaux, et si son décès a entraîné la dissolution de la société, la résiliation du bail peut être prononcée sur la demande du liquidateur ou, à défaut du liquidateur, sur la demande d'un ayant droit.

La résiliation dans les cas prévus par le présent article a lieu, suivant les circonstances, avec ou sans indemnité.

Art. 7. — Si le locataire établit que, par suite de blessures reçues ou de maladies contractées sous les drapeaux ou par suite de faits de guerre, s'il n'est pas mobilisé, il n'est plus en état d'exercer la profession pour laquelle il avait conclu le bail, ou qu'il a subi une diminution notable et permanente de sa capacité professionnelle, la résiliation du bail sera prononcée sur sa demande, sans indemnité.

Art. 8. — Seront admis au bénéfice des dispositions qui précèdent et dans les mêmes conditions, les veuves et les héritiers des locataires qui, sans être mobilisés, ont été tués au cours de faits de guerre ou sont morts des suites de blessures ou de maladies occasionnées par ces faits.

Art. 9. — La résiliation du bail pourra être prononcée avec ou sans indemnité sur la demande du locataire qui justifiera que la guerre a modifié sa situation dans des conditions telles qu'il est évident que dans sa situation nouvelle il n'aurait pas contracté.

Art. 10. — Dans les cas prévus ci-dessus, la déclaration ou demande de résiliation devra, à peine de forclusion, être adressée au bailleur par lettre recommandée avant l'expiration des six mois qui suivront le décret fixant la cessation des hostilités.

Toutefois dans le cas prévu par l'article 7, le locataire devra, à peine de forclusion, exercer son droit dans l'année qui suivra sa mise en réforme ou la promulgation de la présente loi si sa mise en réforme est antérieure; le même délai est accordé à celui dont la réforme sera postérieure au décret fixant la cessation des hostilités.

Le locataire non mobilisé dans le cas visé au dit-article devra exercer son droit à peine de forclusion dans l'année qui suivra la date à laquelle aura été fixée la consolidation de sa blessure ou dans l'année qui suivra la promulgation de la présente loi si la consolidation a été fixée antérieurement.

La résiliation devra être déclarée ou prononcée pour un terme d'usage, en observant les délais ordinaires des congés sans que ceux-ci puissent excéder trois mois.

Toutefois la commission arbitrale pourra ordonner que la résiliation produira effet à partir d'une autre date fixée par elle.

Art. 11. — La demande de résiliation du bail de l'immeuble dans lequel s'exploite un fonds de commerce grevé d'inscriptions doit être notifiée aux créanciers antérieurement inscrits.

Le locataire devra produire à l'appui de sa demande en résiliation un état des inscriptions pouvant grever son fonds, ou un certificat négatif.

Les créanciers pourront notifier leur opposition dans le délai de quinzaine, à la charge de déclarer qu'ils entendent continuer le bail et en assumer les charges à leurs risques et périls pour parvenir à la résiliation dans les conditions prévues par la loi du 17 mars 1909.

TITRE II

EXONÉRATIONS ET DÉLAIS

Art. 12. — Sans préjudice des règles du droit commun et des clauses des conventions, il pourra être accordé, pour la durée de la guerre et les six premiers mois qui suivront le décret fixant la cessation des hostilités, des réductions de prix, pouvant aller, à titre exceptionnel, jusqu'à l'exonération totale, au locataire non mobilisé, qui justifiera avoir été privé par suite de la guerre, soit des avantages d'utilité ou d'usage de la chose louée, soit d'une notable partie des ressources sur lesquelles il pouvait compter pour faire face au paiement du loyer.

Le locataire mobilisé sera dispensé de cette justification ; il appartiendra au propriétaire d'établir que la mobilisation du locataire lui a laissé les moyens d'acquitter tout ou partie des loyers échus.

Dans tous les cas, la commission arbitrale devra tenir compte, tant pour admettre le droit à la réduction que pour en déterminer l'étendue de l'ensemble des revenus du locataire.

Art. 13. — Dans tous les cas, il pourra être accordé au locataire, suivant les circonstances, terme et délai pour se libérer soit en totalité soit par fractions.

Art. 14. — Sont présumés remplir les conditions fixées par l'article 12 et comme tels totalement exonérés du payement de ce qu'ils restent devoir sur leurs loyers échus ou à échoir pendant toute la durée des hostilités et les six mois qui suivront le décret fixant leur cessation, les locataires occupant des logements d'habitation, rentrant dans l'une des catégories ci-après déterminées et qui sont :

1° Ou bien mobilisés ;

2° Ou bien réformés à la suite de blessures reçues ou de maladie contractée à la guerre ;

3° Ou bien attributaires soit de l'allocation militaire, soit de l'allocation des réfugiés, soit des secours de chômage régulièrement organisés par les départements et les communes, soit des secours permanents des Bureaux de Bienfaisance ou de la loi de 1905 sur l'assistance obligatoire.

a) A Paris, dans le département de la Seine et dans les communes de la banlieue placées dans un rayon de 25 kilomètres des fortifications de Paris : Logements d'un loyer inférieur ou égal à 400 fr. si le locataire est célibataire ; à 500 fr. s'il est marié ;

b) Dans les communes de 100,001 habitants et au-dessus (c'est le cas de Marseille) et dans les communes dont la distance des fortifications de Paris est supérieure à 25 kilomètres sans excéder 40 kilomètres et ayant plus de 2.500 habitants ; logements dont le loyer est inférieur ou égal à 300 fr. si le locataire est célibataire ; à 350 fr. s'il est marié.

c) Dans les communes de 20.001 à 100.000 habitants : Logements d'un loyer inférieur ou égal à 250 fr. si le locataire est célibataire, à 300 fr. s'il est marié ;

d) Dans les communes de 5.001 à 20.000 habitants : Logements d'un loyer inférieur ou égal à 200 francs si le locataire est célibataire, à 250 francs s'il est marié ;

e) Dans les communes de 1.001 à 5.000 habitants : Logements d'un loyer inférieur ou égal à 150 francs si le locataire est célibataire, à 200 francs s'il est marié ;

f) Dans les communes de moins de 1.000 habitants : Logements

d'un loyer inférieur ou égal à 100 francs si le locataire est célibataire, à 125 francs s'il est marié.

Les chiffres prévus aux paragraphes précédents seront majorés
de 100 fr. par enfant de moins de 16 ans ou autre personne à la
charge du locataire dans les villes et communes comprises dans
les catégories A et B; de 75 fr., dans les villes et communes comprises dans les catégories C et D; de 50 fr., dans les autres communes. Toutefois, sont exceptés du bénéfice de la disposition qui
précède les locataires mobilisés à l'égard desquels il sera justifié
qu'ils reçoivent, par suite de la mobilisation, une solde supérieure
au traitement, au gain, à la rétribution ou au salaire qu'ils recevaient habituellement avant la guerre, et pour toute la période de
temps pendant laquelle ils reçoivent cette solde.

Si les locataires désignés au paragraphe premier du présent
article n'ont été mobilisés que pendant une partie de la durée de
la guerre, l'exonération de plein droit ne s'appliquera qu'à la
période de temps pendant laquelle ils auront été mobilisés.

En ce qui concerne les locataires employés en qualité d'ouvriers
dans un établissement industriel travaillant pour la guerre, qu'ils
soient considérés ou non comme mobilisés, ils seront admis à se
prévaloir de l'exonération prévue au présent article, à l'exception
de ceux qui, recevant un salaire égal ou supérieur à celui qu'ils
recevaient habituellement avant la guerre sont, en outre, affectés
à un établissement situé dans un lieu assez rapproché de leur
domicile habituel pour leur permettre de maintenir leur habitation.

Art. 15. — Sauf la faculté réservée au propriétaire d'adminis-
trer la preuve contraire devant la commission arbitrale, sont présumés remplir les conditions fixées par l'art. 12 et comme tels
exonérés du paiement de ce qu'ils restent devoir sur leurs loyers
échus du 1er août 1914 au 1er octobre 1917 :

Les locataires mobilisés ou non occupant des logements compris dans l'une des catégories déterminées à l'art. 14 et non exonérés de plein droit pour la durée de la guerre et les six mois qui
suivront le décret fixant la cessation des hostilités.

A compter du 1er octobre 1917, ces locataires seront placés
sous le régime de l'article 12 et pourront invoquer le bénéfice
des dispositions de la présente loi devant les commissions arbitrales.

Art. 16. — Pendant toute la période pour laquelle l'exonération
totale leur est accordée en vertu des articles qui précèdent, les
locataires seront maintenus en possession des lieux loués.

Seront également maintenus en possession des lieux loués pendant toute la durée de la guerre et les six mois qui suivront la
cessation des hostilités, les locataires ayant obtenu des exonérations ou réductions, à charge par eux de se conformer aux décisions rendues par les Commissions arbitrales, ou, lorsque ces

exonérations ou réductions résulteront d'accords intervenus librement avec les bailleurs aux conditions fixées par ces conventions.

Ces dispositions s'appliquent au cas de bail expiré ou non expiré, ainsi qu'au cas où la location est régie par l'usage des lieux.

Art. 17. — Sont interdits pendant toute la durée des hostilités et les six mois qui suivront le décret fixant leur cessation, toutes instances, toutes assignations, toutes procédures d'exécution à l'égard des locataires mobilisés.

En conséquence, ceux-ci ne pourront être appelés devant la commission arbitrale, que, à l'expiration du délai de six mois, à compter du jour où ils auront cessé d'être présents sous les drapeaux.

Toutefois, ils pourront, à toute époque, s'ils le préfèrent, demander aux commissions arbitrales de statuer dans les conditions prévues à la présente loi.

Art. 18. — Les dispositions de l'article précédent sont applicables aux veuves des militaires morts sous les drapeaux depuis le 1er août 1914 ou aux membres de leur famille qui habitaient antérieurement avec eux les lieux loués, ainsi qu'aux militaires réformés à la suite de blessures ou de maladie contractée à la guerre jusqu'à l'expiration des six mois qui suivront la promulgation de la présente loi. Si le décès ou la mise en réforme est postérieur à la promulgation de la présente loi ou survient moins d'un an avant cette promulgation, le délai courra du jour du décès ou de la date officielle de la mise en réforme.

Les dispositions de l'article 17 sont également applicables aux femmes de prisonniers de guerre même non mobilisés, ou aux membres de leur famille qui habitaient antérieurement avec eux les lieux loués, jusqu'à l'expiration des six mois qui suivront leur libération.

Sont également admises au bénéfice de ces dispositions les sociétés en nom collectif dont tous les associés, et les sociétés en commandite dont tous les gérants sont présents sous les drapeaux,

Art. 19. — Les décisions rendues entre le bailleur et le preneur sont acquises de plein droit à la caution ainsi qu'à celui ou à ceux qui, par suite de sous-location ou de cession antérieures du droit au bail, sont tenus solidairement.

Au cas de sous-location, le locataire principal pourra toujours mettre en cause devant la commission arbitrale le propriétaire et exercer à son égard les droits résultant de l'article 12, même en cas d'inaction du sous-locataire. Le même droit appartiendra à la caution en cas d'inaction du locataire cautionné,

Au cas de constructions édifiées sur le terrain d'autrui, le propriétaire des constructions appelé devant la commission arbitrale par ses locataires, pourra lui-même mettre en cause le propriétaire du sol et demander une réduction de son loyer vis-à-vis de ce propriétaire.

Le locataire principal qui a perçu d'un sous-locataire, en tout ou en partie, le prix du loyer, en doit le montant au propriétaire en déduction ou jusqu'à due concurrence de sa propre dette, sans pouvoir invoquer pour le conserver les avantages d'exonération, de réduction ou de délais résultant de la présente loi.

Dans le cas visé au paragraphe ci-dessus, si le locataire principal a négligé de verser au bailleur les sommes ainsi perçues du sous-locataire, il devra au bailleur, à titre de pénalité de retard, un intérêt de 5 o/o l'an, à compter du jour du payement par le sous-locataire.

Art. 20. — L'obligation ci-dessus ne s'appliquera pas aux logeurs en garni.

Pour ces derniers, la commission arbitrale appréciera, en envisageant le loyer d'ensemble de l'immeuble et les charges du logeur, les réductions ou exonérations qui pourront lui être accordées sur les justifications prévues par l'article 12.

Les logeurs en garni ne pourront, contre le payement de la somme ainsi fixée par la Commission arbitrale, invoquer aucune des exceptions prévues par la présente loi.

Art. 21. — L'exercice du privilège ou des droits et actions du bailleur peut être limité à une partie déterminée et suffisante du mobilier garnissant les lieux loués et servant de gage spécial à sa créance.

Le bailleur peut, si le locataire quitte les lieux loués avant le complet payement des loyers encore dus et sans fournir une caution suffisante, réaliser le gage affecté à sa créance.

Art. 22. — En tout état de cause, le locataire est autorisé à quitter les lieux loués avant le complet payement des loyers encore dus et enlever les meubles, effets mobiliers, ustensiles et objets nécessaires à son coucher, à son travail, au coucher et au travail des membres de sa famille habitant avec lui, ainsi que ceux composant la salle à manger et la cuisine, le tout sans fournir caution.

Art. 23. — Les sommes versées à titre de loyer d'avance se compenseront de plein droit avec le montant des termes échus pendant la durée de la guerre.

Art. 24. — Les règles établies par les dispositions qui précèdent sont applicables aux locataires en garni.

Toutefois, les commissions arbitrales devront déterminer dans le chiffre du loyer la fraction représentative des fournitures qui demeureront à la charge des locataires.

Art. 25. — Il sera tenu compte par les commissions arbitrales des loyers payés par les locataires depuis le 1er août 1914, et l'imputation en sera ordonnée en tout ou en partie, soit sur les termes à échoir, soit sur les termes demeurant impayés.

Le payement des indemnités de résiliation effectués depuis le 4 août 1914 par les personnes visées au titre 1er ne mettra pas obstacle à l'exercice des droits accordés par la présente loi et pourra donner lieu à répétition.

Art. 26. — Toutes clauses et stipulations contraires à la présente loi seront considérées comme nulles et non avenues.

Toutefois, demeurent valables les conventions et les transactions librement conclues entre le bailleur et le preneur depuis le 4 août 1914, sous réserve qu'aucun fait nouveau, né de la guerre, ne soit survenu qui ait modifié la situation du locataire.

L'article 27 est réservé.

Art. 28. — Toute réduction ou exonération de loyer prononcée par la loi ou par les commissions arbitrales entraînera sur la contribution foncière et la contribution des portes et fenêtres, principal et centimes additionnels, départements et communaux compris, et sur les taxes assimilées afférentes à l'immeuble loué, une remise proportionnelle à la perte de revenu subie par le propriétaire.

Cette remise devra, à peine de forclusion, être demandée par le propriétaire dans les trois mois qui suivront la date à laquelle la réduction ou l'exonération de loyer sera devenue définitive ; pour les réductions accordées avant la promulgation de la loi, le délai courra du jour de cette promulgation.

Tout propriétaire qui aura consenti des réductions ou exonérations amiables de loyer bénéficiera de cette remise.

Il produira, à l'appui de sa demande en remise ou en modération, une déclaration dûment signée et certifiée sincère tant par lui que par son locataire du montant du loyer auquel il aurait eu droit, de la quotité de la réduction consentie et de la période à laquelle elle s'applique.

En cas de fausse déclaration, les coupables seront passibles des peines portées à l'article 405 du code pénal. L'article 463 du même code pourra être appliqué.

Les demandes en réduction d'impôts seront présentées, instruites et jugées comme les demandes en remise pour vacances de maison.

Art. 29. — Au cas où, par le fait de la guerre, le propriétaire se trouvera privé d'une notable partie des ressources sur lesquelles il pouvait compter pour faire face au payement de ses dettes hypothécaires et privilégiées, la commission arbitrale pourra, sur sa demande, et nonobstant toutes stipulations contraires, lui accorder les délais qu'elle jugera nécessaires tant pour le payement du principal en cas d'exigibilité que pour le payement des intérêts, annuités ou arrérages échus avant ou pendant la durée des hostilités.

Le créancier sera appelé devant la commission arbitrale en la forme et de la manière prescrites au titre III de la présente loi.

La commission arbitrale pourra décider qu'au jour de la cessation des hostilités, les intérêts, annuités ou arrérages impayés s'ajouteront au capital de la dette.

En ce cas, ces intérêts, annuités ou arrérages profiteront des mêmes garanties et seront conservés de plein droit par l'hypothèque au même rang que le principal, même s'ils excèdent la limite de trois années fixée par l'article 2151 du code civil.

Toutefois, cette dernière disposition ne sera pas opposable aux créanciers hypothécaires postérieurs en rang et inscrits antérieurement au 1er août 1914.

Au cas où le taux des intérêts des créances prorogées serait inférieur au taux légal, il sera porté à ce dernier taux à partir de la date de la cessation des hostilités ou à partir de l'échéance primitivement fixée si elle est postérieure.

Nonobstant les délais prévus à la présente loi, les créanciers hypothécaires ou privilégiés pourront, dans les termes du droit commun, sur la poursuite intentée par d'autres créanciers, prendre part à toutes distributions de l'actif de leur débiteur.

Les dispositions du présent article sont applicables aux acquéreurs d'habitations à bon marché, de jardins ouvriers, et de petites propriétés qui amortissent leur prix d'acquisition par payements périodiques.

Art. 30. — Pour la détermination du chiffre du loyer dans tous les cas prévus à la présente loi, il ne sera tenu compte que des prix de loyer en vigueur au 1er août 1914.

TITRE III

JURIDICTIONS ET PROCÉDURES

Art. 31. — Toutes les contestations auxquelles la présente loi donnera lieu seront, quel que soit leur chiffre, jugées par une commission arbitrale des loyers, composée outre le président, de quatre membres, savoir : deux propriétaires et deux locataires.

Il est institué dans chaque arrondissement et dans les villes divisées en cantons ou arrondissements, dans chaque canton ou arrondissement, enfin, dans chaque canton suburbain du département de la Seine, une commission arbitrale.

Le lieu où siégera la commission arbitrale sera publié par les soins de l'administration préfectorale, à la porte de chaque mairie du ressort.

Toutes les fois que pour l'expédition des affaires, la subdivision paraîtra nécessaire, il y sera pourvu par un décret qui déterminera le ressort de chaque commission arbitrale.

Un décret pourra également instituer plusieurs commissions

arbitrales fonctionnant simultanément dans plusieurs circonscriptions.

Dans la huitaine de la promulgation de la présente loi ou des décrets prévus au paragraphe précédent, le premier président de la Cour d'appel déléguera, pour présider dans chaque commission, soit un des membres de la cour, soit un des membres des tribunaux du ressort, soit en cas d'empêchement de tous ces magistrats, l'un des juges de paix ou suppléants de la justice de paix ou un avocat ayant au moins dix années d'inscription au tableau.

Le premier président pourvoira au remplacement du président empêché temporairement ou définitivement.

Art. 32. — Dans chaque commune sur convocation spéciale du préfet et au plus tard dans le mois qui suivra la promulgation de la présente loi, le Conseil municipal dresse trois listes des propriétaires et des locataires domiciliés dans la commune, une de propriétaires d'immeubles à loyer, une de locataires non patentés, une de locataires patentés. Les femmes propriétaires ou locataires âgées de 25 ans au moins peuvent être inscrites sur ces listes. Ces listes comprendront deux propriétaires et deux locataires patentés et deux locataires non patentés par 200 habitants, dans les circonscriptions arbitrales n'ayant pas plus de 30.000 habitants, par 500 habitants dans les circonscriptions arbitrales ayant de 30.001 à 100.000 habitants et par 1.000 habitants dans les circonscriptions ayant plus de 100.000 habitants. A Paris, ainsi que dans les villes divisées en plusieurs cantons ou arrondissements, le Conseil Municipal dresse les listes par canton ou arrondissement.

Les listes sont dressées chacune en deux exemplaires dont l'un reste déposé à la mairie et l'autre doit être transmis dans le délai fixé par l'arrêté de convocation au sous-préfet du chef-lieu de l'arrondissement ou au juge de paix du canton comprenant une ou plusieurs circonscriptions arbitrales; à Paris, au préfet de la Seine. Ces listes sont groupées par circonscription.

Dans les deux mois de la promulgation de la présente loi, une commission composée du président du Tribunal Civil ou du magistrat délégué par lui président, des conseillers généraux, des conseillers d'arrondissements, des juges de paix et d'un fonctionnaire des contributions directes désigné par le directeur, se réunit dans chaque arrondissement ou dans chaque canton comprenant une ou plusieurs circonscriptions arbitrales.

A Paris cette commission est composée dans chaque arrondissement du président du Tribunal Civil ou du magistrat délégué par lui président, du maire ou d'un adjoint délégué par lui, des conseillers municipaux, du juge de paix et d'un fonctionnaire des contributionsdirectes délégué par le directeur,

Le président de la commission prévue aux alinéas 3 et 4 du présent article tire au sort en séance publique de la commission sur les listes préparatoires de la circonscription dressées comme il vient d'être dit, les noms des propriétaires et des locataires appelés à former les listes définitives. Le nombre des propriétaires, des locataires patentés et des locataires non patentés à inscrire sur les listes définitives est de la moitié du nombre des propriétaires et du quart de celui des locataires portés sur les listes provisoires, avec un minimum de 80 propriétaires, de 40 locataires patentés et de 40 locataires non patentés.

La commission, avant de procéder au tirage au sort, statue sur les incapacités et prononce la radiation des propriétaires et des locataires soumis au cas d'incapacité ou d'incompatibilité énumérés à l'article 34 ci-après.

Art. 33. — Les décisions de la commission sont prises à la majorité. Au cas où tous les membres ne seraient pas présents, la séance serait remise à un jour suivant et il suffirait de la majorité des commissaires présents. En cas de partage, la voix du président est prépondérante.

Les listes définitives sont transmises au président de la commission arbitrale par les soins du président de la commission prévue à l'article 32.

Art. 34. — Ne pourront être compris dans les listes définitives d'assesseurs de la commission arbitrale des loyers que les propriétaires ou locataires de la circonscription, âgés de plus de 25 ans, inscrits sur la liste électorale, non soumis au cas d'incapacité ou d'incompatibilité prévus par les articles 2, 3, 4 de la loi du 21 novembre 1872.

Les femmes propriétaires ou locataires, âgées de 25 ans au moins, domiciliées dans la circonscription, pourront être comprises dans les listes d'assesseurs de la commission arbitrale, pourvu qu'elles ne soient pas soumises au cas d'incapacité prévu, en ce qui les concerne par les articles 2, 3 et 4 de la dite loi.

Ne peuvent être choisis : 1° les locataires propriétaires d'immeubles de rapport dans le département et les départements limitrophes ; 2° les locataires représentants habituels d'un ou de plusieurs propriétaires.

Art. 35. — Quinze jours au moins avant l'ouverture de chaque session, au lieu et à la date qui seront publiés dans la forme prescrite au paragraphe 3 de l'article 32, le président de la commission arbitrale tire au sort publiquement sur les listes dressées en vertu de l'article 32, les noms des propriétaires et des locataires appelés à former la commission arbitrale des loyers. L'un des deux locataires assesseurs doit être un locataire patenté et l'autre un locataire non patenté.

Le président tire, de plus, au sort, les noms de cinq assesseurs suppléants : deux propriétaires et trois locataires, dont un locataire patenté.

Cette liste des assesseurs est déposée immédiatement au secrétariat ; elle est communiquée à tout intéressé,

Le président fixe la date de la session.

Celle-ci dure deux mois au plus. Néanmoins, toute affaire commencée devra être jugée par la commission devant laquelle elle aura été portée.

Le président de la commission arbitrale convoque les assesseurs.

Tout assesseur qui aura fait le service pendant une session sera dispensé sur sa demande adressée au président pour la session suivante.

Art. 36. — Les assesseurs des commissions arbitrales peuvent être récusés :

1° Quand ils ont un intérêt personnel à la contestation ;

2° Quand ils sont parents ou alliés d'une des parties en ligne directe et ligne collatérale jusqu'au 4° degré inclusivement ;

3° Si dans l'année qui a précédé la récusation il y a eu action judiciaire criminelle ou civile entre eux et l'une des parties ou son conjoint ou ses parents ou alliés en ligne directe ;

4° S'ils ont donné un avis écrit dans l'affaire ;

5° S'ils sont patrons, ouvriers ou employés de l'une des parties en cause.

En outre, chaque partie aura respectivement le droit d'exercer deux récusations péremptoires.

La partie qui veut récuser un assesseur est tenue de former la récusation avant tout débat et d'en exposer les motifs dans une déclaration qu'elle remet revêtue de sa signature au secrétaire de la commission arbitrale.

Il est statué sans délai par le président dont la décision est en dernier ressort. Il prononce également sur les causes d'empêchement que les assesseurs proposent ainsi que sur les exclusions ou incompatibilités dont les causes ne seraient survenues ou n'auraient été connues que postérieurement à la désignation faite en vertu de l'article 34.

En cas d'absence, d'empêchement ou de récusation de l'un des assesseurs, ou si pour tout autre cause, la commission est hors d'état de se constituer régulièrement, elle se complètera en appelant à siéger un assesseur suppléant dans l'ordre du tirage au sort. A défaut d'assesseur suppléant, il sera procédé à un nouveau tirage au sort fait en séance publique, sur les listes dressées en vertu de l'article 33.

Art. 37. — Avant d'entrer en fonction les assesseurs prêtent individuellement devant le président de la commission le serment de remplir leur devoir avec zèle et intégrité et de garder le secret des délibérations.

En cas d'absence sans excuse jugée valable ou en cas de refus de service non justifié, l'assesseur sera condamné par le président de la commission arbitrale à une amende de 100 francs au moins et de 300 francs au plus sous réserve de l'application de l'article 463 du code pénal. Le président statue en dernier ressort sur l'opposition qui serait formée par l'assesseur condamné.

Les assesseurs reçoivent les indemnités de déplacements et de séjours prévus pour les membres du jury criminel par les lois des 19 mars 1907 et 17 juillet 1908 et le décret du 18 juin 1811.

Art. 38. — Le premier président de la Cour d'appel désigne le secrétaire de la commission arbitrale. Il peut le révoquer. Le secrétaire avant de prendre possession de ses fonctions prête serment devant le président de la commission arbitrale.

Les émoluments sont ceux fixés par la loi du 27 mars 1907 dont les articles 58, 59 et 60 sont applicables.

Tout secrétaire convaincu d'avoir perçu une taxe non prévue ou supérieure au taux fixé est passible des peines portées à l'article 102 du décret du 30 mai 1808 modifié par la loi du 10 mars 1898, et des articles 1030 et 1031 du code de procédure civile.

Art. 39. — Il sera dans tous les cas procédé à un préliminaire de conciliation devant le président de la commission arbitrale de la situation de l'immeuble.

A cet effet, le demandeur fait convoquer le défenseur par lettre recommandée avec avis de réception, du secrétaire; cette lettre indiquera les noms, profession et domicile du demandeur, l'objet de la demande, le jour et l'heure de la comparution, fixée par le président au délai minimum de trois jours francs.

A défaut d'un avis de réception établissant que le défendeur a été touché en temps utile, le défendeur est cité par huissier.

Les parties comparaîtront en personne, sauf en cas d'excuse jugée valable par le président.

Si au jour indiqué par la lettre du secrétaire, le demandeur ne comparaît pas, la cause est rayée du rôle et ne peut être reprise qu'après un délai de huit jours au moins.

Art. 40. — Il sera loisible aux parties, lors de la tentative de conciliation, et si elles sont d'accord, de donner mission au président pour prononcer sur leurs difficultés comme arbitre amiable-compositeur en dernier ressort et avec dispense d'observer toutes formalités judiciaires.

La décision sera exécutoire, sans qu'il soit besoin d'ordonnance d'exequatur.

Art. 41. — Les parties pourront toujours se présenter volontairement devant le président, et dans ce cas, il est procédé à leur égard comme si l'affaire avait été introduite par une demande directe.

Art. 42. — A défaut de conciliation ou si le défendeur ne se présente pas, le secrétaire convoque les parties par lettre recommandée avec avis de réception, pour l'audience de la commission arbitrale du lieu de la situation de l'immeuble, au jour qui aura été fixé par le président lors de la tentative de conciliation et en observant le délai prescrit à l'article 39 paragraphe 2.

à défaut d'avis de réception, le défendeur est cité par huissier.

La citation contient les énonciations prescrites pour la lettre par l'article 39.

Les témoins, s'il y a lieu, seront appelés dans les mêmes formes et délais.

Art. 43. — Si la décision est rendue par défauts, avis de ces dispositions est transmis par le secrétaire à la partie défaillante, par lettre recommandée avec avis de réception dans les trois jours du prononcé.

L'opposition n'est recevable que dans la quinzaine de la date de la réception de la lettre recommandée, ou à défaut d'avis de réception, dans la quinzaine de la notification par huissier. Elle a lieu par une déclaration au secrétariat dont il est délivré récépissé. La lettre recommandée contiendra mention de cette prescription.

Toutes parties intéressées sont prévenues par lettre recommandée du secrétaire avec avis de réception ou par exploit d'huissier, pour la prochaine audience utile, en observant les délais de l'article précédent.

La décision qui intervient est réputée contradictoire.

Toute décision contradictoire sera notifiée par le secrétaire dans la forme et les délais prescrits au paragraphe premier du précédent article.

Art. 44. — Les délais sont comptés et augmentés conformément aux dispositions de l'article 1033 du Code de procédure civile.

Art. 45. — Les parties doivent comparaître en personne et peuvent se faire assister par un membre de leur famille, parent ou allié, par un avocat régulièrement inscrit au barreau ou par un avoué exerçant près le Tribunal civil de l'arrondissement. En cas d'excuse jugée valable, elles peuvent se faire représenter par les personnes ci-dessus mentionnées. Si le représentant est un membre de la famille, il devra être porteur d'un pouvoir sur papier non timbré, dispensé de la formalité de l'enregistrement, avec signature légalisée.

Il ne pourra être présenté que de simples observations ou conclusions.

Sont applicables les dispositions des articles 26 de la loi du 12 juillet 1905, 96 de la loi du 13 juillet 1911.

L'assistance judiciaire peut être accordée aux parties par le bureau d'assistance judiciaire, prévu à l'article 3, paragraphe premier, de la loi du 10 juillet 1901.

Elle est de droit pour les locataires énumérés à l'article 14 de la présente loi.

Art. 46. — Les audiences sont publiques. Toutefois, la commission arbitrale pourra ordonner, sur la demande de l'une des parties, que les débats auront lieu en chambre du conseil.

Les décisions de la commission arbitrale seront sommairement motivées, elles seront toujours rendues en audience publique.

La reproduction des débats par la voie de la presse est interdite, sous peine de l'amende édictée par l'article 39 de la loi du 29 juillet 1881.

Art. 47. — Les pouvoirs conférés aux tribunaux en matière d'autorisation maritale sont dévolus au président de la commission.

Art. 48. — Les décisions des commissions arbitrales pourront être attaquées par la voie du recours en cassation pour excès de pouvoir ou violation de la loi.

Les pouvoirs seront formés au plus tard le quinzième jour à dater de la notificaton prévue à l'article 43 par déclaration au secrétariat de la commission arbitrale qui aura rendu la décision, et notifiés à peine de déchéance, dans la quinzaine, par exploit d'huissier.

Dans la quinzaine de cette dernière notification, les pièces seront adressées à la Cour de cassation. Aucune amende ne sera consignée. Le pourvoi sera porté directement devant la chambre civile.

Lorsqu'une décision aura été cassée, l'affaire sera renvoyée devant la commission arbitrale d'un canton ou d'un arrondissement voisin.

Art. 49. — Le secrétaire tient registre sur papier non timbré coté et paraphé par le président pour mentionner tous les actes d'une nature quelconque, décision et formalité, auxquels donne lieu l'exécution de la présente loi.

Les copies pour extrait, certifiés conformes seront, en cas de pourvoi, jointes au dossier.

Les décisions portées sur le registre prévu au paragraphe précédent seront signées du président et du secrétaire conformément à l'article 138 du code de procédure civile. Les grosses et expéditions seront délivrées par le secrétaire.

Art. 50. — Les décisions ainsi que les extraits, copies, grosses ou expéditions qui en seront délivrés et généralement tous les actes de procédure auxquels donnera lieu l'application de la présente loi sont visés pour timbre et enregistrés gratis. Ils porteront la mention expresse qu'ils sont faits en exécution de la présente loi.

Toutefois, au cas où les parties produiraient à l'appui de leurs prétentions soit des actes non enregistrés et qui seraient du nombre de ceux dont les lois ordonnent l'enregistrement dans un délai déterminé, soit des actes et titres rédigés sur papier non timbré, contrairement aux prescriptions des lois sur le timbre, la commission arbitrale devrait, conformément à l'article 16 de la loi du 23 août 1871 ordonner d'office le dépôt au greffe de ces actes pour y être immédiatement soumis à la formalité de l'enregistrement ou du timbre.

Art. 51. — En cas de plainte en prévarication contre les membres des commissions arbitrales, il sera procédé contre eux suivant la forme établie à l'égard des juges par l'article 483 du code d'instruction criminelle.

Les articles 505 à 508, 510 à 516 du code de procédure civile, 126, 127 et 185 du code pénal, sont applicables aux commissions arbitrales et à leurs membres individuellement.

La prise à partie sera portée devant la Cour d'appel.

Art. 52. — Demeurent au surplus applicables les articles 10, 11, 12, 14, 18, 28, 29, 34, 35, 36, 37, 41, 42, 43, 54. 55, 130, 131, 168, 170, 171, 452, 474, 480 du code de procédure civile, en tout ce qu'ils n'ont rien de contraire à la présente loi.

TITRE IV

DISPOSITIONS GÉNÉRALES

Art. 53. — Les baux en cours au premier août 1914 seront prorogés à la demande du locataire d'une durée égale au temps écoulé entre le décret de la mobilisation et le décret fixant la cessation des hostilités et aux conditions fixées au bail à compter de la cessation des hostilités fixé par décret.

Le locataire devra, à peine de forclusion, faire connaître sa volonté au bailleur par acte extra-judiciaire au plus tard dans les trois mois qui suivront le décret fixant la cessation des hostilités.

Il en sera de même des promesses de vente dont le délai de résiliation expire postérieurement le 1er août 1914.

Pour les locations faites sans écrit, le locataire sera admis à conserver la jouissance du local aux clauses et conditions en vigueur au 1er août 1914, pendant une durée égale au temps écoulé entre le décret de mobilisation et le décret fixant la cessation des hostilités, sous réserve de la faculté, pour ses locataires, de quitter les lieux loués pendant cette même période aux conditions fixées par l'usage des lieux.

Le bail du locataire qui n'a pu emménager du fait de la mobilisation est résilié de plein droit à la demande du locataire.

Art. 54. — L'autorisation nécessaire pour l'exercice de tous les droits reconnus à la présente loi pourra être accordée, dans les conditions prévues à l'article 47 à la femme du locataire appelé sous les drapeaux et qui se trouve dans la situation définie à l'article 5.

Art. 55. — Sont nulles de plein droit et de nul effet les obligations contractées par des bailleurs ou des locataires envers tous intermédiaires qui se chargeraient de leurs intérêts moyennant des émoluments fixés à l'avance proportionnellement aux conditions et réductions à obtenir.

Les sommes ainsi payées en vertu de ces conventions nulles seront sujettes à répétition.

Art. 56. — Seront seuls admis aux bénéfices de la loi :

1° Les Français et protégés français ;

2° Les Alsaciens-Lorrains ;

3° Les citoyens, sujets et ressortissants des pays alliés ;

4° Ceux des sujets ressortissants des pays étrangers dont la nationalité sera déterminée par un décret rendu sur la proposition du Ministre des Affaires Etrangères,

Art. 57. — Il sera statué par une loi spéciale sur les droits et obligations des locataires et sociétaires des sociétés de constructions d'habitations à bon marché.

Art. 58. — La présente loi est applicable à l'Algérie et aux Colonies.

La parole est maintenant au Sénat.

La suspension et la remise des impôts à certains propriétaires.

Le *Journal Officiel* du 30 juin a publié une loi portant ouverture et annulation de crédits, et dans cette loi figure une disposition qui intéresse au plus haut degré les propriétaires. L'article 3, en effet de cette loi stipule :

1° Que le propriétaire temporairement privé de toute ou partie des revenus de son immeuble par l'effet des décrets moratoires aura droit à une suspension de payement de ses impôts (contribution foncière, portes et fenêtres, taxes municipales) proportionnelle à la perte temporaire de son revenu ;

2° Que le propriétaire qui aura consenti des réductions ou exonérations amiables de loyer bénéficiera d'une remise d'impôts dans la même limite.

Les demandes en suspension et en remise d'impôts seront présentées comme les demandes en remise pour vacance de maison, c'est-à-dire qu'à Paris elles devront être adressées au préfet de la Seine sur une feuille de papier timbré. A l'appui de sa demande, le propriétaire doit fournir :

a) Pour une demande en suspension les justifications nécessaires ;

b) Pour une demande en remise, une déclaration signée sincère, tant par lui que par son locataire de la réduction de loyer qu'il a consentie et de la période à laquelle elle s'applique.

Toute fausse déclaration rendrait le délinquant passible d'une peine de un à cinq ans de prison et d'une amende de 50 à 3.000 francs.

Ces dispositions sont dès à présent en vigueur.

Une loi incomplète.

La loi du 30 juin 1917 (1) (*Journ. Off.* page 390) relative aux exonérations des impôts fonciers dans la mesure des réductions consenties par les propriétaires dont les loyers sont absents du fait des moratoria est juste et donne satisfaction dans une certaine mesure aux demandes que depuis plus de deux ans nous avions formulées et dont MM. Noël, Fringant et G. Bureau se sont faits les éloquents interprètes à la Chambre. Mais, comme le disait le 26 juin, M. Patureau-Baronnet, le distingué député de Chateauróux : « On ne saurait exiger quoi que ce soit d'un petit propriétaire dépouillé par les lois ou les circonstances ». Qu'est-ce à dire? que la loi du 30 juin est insuffisante et inopérante dans la majorité des cas si elle n'est complétée par un décret ministériel suspendant toutes poursuites à propos de sa cote personnelle et mobilière à l'encontre d'un propriétaire que cette loi exonère tout au moins temporairement de ses contributions foncières : Il est clair que si on le reconnaît privé de toutes ressources pour ne le poursuivre d'un côté, on ne saurait équitablement le poursuivre de l'autre, Il est non moins évident que si l'Etat s'interdit de lui réclamer ses charges, un créancier hypothécaire ne doit pas être autorisé à poursuivre le bénéficiaire de cette loi. Il y a là une simple question de bon sens.

D'ailleurs nous avons, le 6 juillet 1917, adressé la protestation ci-après à M. le Ministre des Finances :

« Reconnaissant la légitimité de nos revendications au sujet des poursuites du fisc contre les propriétaires victimes des décrets moratoires, vous avez bien voulu faire adopter une loi ayant pour but l'exonération ou la suspension temporaire de leurs impôts (*Journ. Off.* du 30 juin 17 page 3990). Nous vous en exprimons toute notre gratitude. Permettez-nous de vous demander de vouloir bien compléter cette mesure d'humanité et de simple justice par l'interdiction immédiate de toutes poursuites contre un petit propriétaire qui ne touchant aucun de ses loyers se trouve démuni

---

(1) Cette loi est due à l'intervention de MM. Fringant, Noël Patureau-Baronnet et C. Bureau, députés après de nombreuses démarches et réclamations de la Ligue.

de toutes ressources et, conséquemment dans l'absolue impossi-
bilité de payer même ses impôts personnels et mobiliers : si vous
le poursuivez, en effet, pour ces derniers alors que vous l'exoné-
rez pour impôts fonciers, votre loi sera inopérante dans de nombreux cas et votre œuvre insuffisante... »

Modèle de demande d'exonération.

... le , .. 1917.

Requête de M......, demeurant à ..... rue ..... n° .....
à Monsieur le Préfet du Département de .....

Monsieur le Préfet,

J'ai, soussigné, propriétaire d'un immeuble sis à ... . rue .,...
n° ....., l'honneur de vous faire connaître que je possède dans
cette maison (nombre) de logements, que sur ceux-ci seulement
(nombre) d'occupants ont régulièrement payé leur loyer mais que
par suite du non paiement des autres je subis une perte

de ..... francs pour 1914
francs pour 1915
francs pour 1916
francs pour 1917
soit au total ..... francs

Je suis imposé à la perception de ..... rue
sous le n° du rôle .....
J'ai, en conséquence, l'honneur de solliciter de votre haute
bienveillance l'exonération proportionnelle de mes impôts fonciers, conformément aux prescriptions de la loi du 30 juin 1917.

Votre très respectueux,

Signature

Observations ; Etablir cette pétition sur une feuille de timbre à
o fr. 60 et l'adresser sous enveloppe non affranchie; si vous habi-
tez dans le même département. Il serait utile d'inscrire au verso
de la dite pétition les noms de vos locataires moratoriés et en
ayant bien soin d'indiquer le taux de leurs loyers.

Deux pétitions importantes.

2 juillet 1917,

A Monsieur le Président de la République Française,
A Monsieur le Président du Conseil et les Ministres de la Justice,
des Finances et de l'Intérieur.

Monsieur le Président de la République,
Messieurs les Ministres,

Le 20 juin, la Chambre des Députés applaudissait tout entière aux éloquentes paroles de M. le Garde des Sceaux préconisant la solution de la crise des loyers et démontrant son immédiate nécessité. Messieurs les Députés n'applaudissaient pas moins le distingué député de Châteauroux, l'honorable M. Patureau-Baronnet quand il disait à l'auditoire attentif : « Or il semble absolument contradictoire que le Gouvernement intervienne, par le moratoire, pour rendre une maison improductive de revenus et demande en même temps au propriétaire le paiement de l'impôt que le législateur a taxé sur le revenu net de cette maison ». (*Journ. Off.* page 1563, 27 juin).

Tous ceux qui, comme notre grand groupement, s'occupent de la question, estiment que le Gouvernement eut pu faire son profit de si sages et si justes paroles, et, si l'on reconnaît que vous ne pouviez, cette fois encore, vous dispenser de faire un nouveau moratorium, on admet volontiers que les petits propriétaires privés de leurs loyers par le moratoire ne soient pas poursuivis par les percepteurs, par l'enregistrement, par leurs créanciers hypothécaires et voire même par leurs propres propriétaires s'ils sont locataires chez autrui. Autrement, on ne voit qu'un paradoxe perpétuel dans votre perpétuel moratorium, mais paradoxe, mais moratorium qui ont déjà occasionné de nombreuses ruines et certains suicides. Il vous est possible d'apporter telle modification de votre moratoire, permettez-moi de vous demander bien humblement, d'y faire insérer qu' « aucune poursuite ne pourra être exercée pour les motifs sus énoncés contre les petits propriétaires dépourvus de leurs loyers » et ce ne sera que justice.

Votre très respectueux,

Le Président,
J. ROUAULT.

PRÉSIDENCE
DE LA RÉPUBLIQUE

Paris, le 6 juillet 1917.

*Monsieur le Président de la Ligue de défense
des Petits Propriétaires de Paris et de province.*

En réponse à votre lettre du 2 de ce mois, Monsieur le Président de la République me charge de vous faire connaître que votre demande a été signalée à l'attention de Monsieur le Ministre de la Justice,

Veuillez agréer, Monsieur, l'assurance de mes sentiments très distingués.

Le Secrétaire Général Civil de la Présidence de la République.

Signé : SAINCÈRE.

Paris, le 9 juillet 1917,

*Pétition adressée à Messieurs les Président et Membres
de la Chambre des Députés.*

Monsieur le Président,
Messieurs les Députés,

La question des Loyers est en discussion à la Chambre des Députés et le plus difficile est le moyen de trouver satisfaction et pour les locataires et pour les propriétaires lésés. La solution que nous avons eu l'honneur de préconiser répartit toutes les pertes de loyers sur l'ensemble de la propriété bâtie, dans la mesure où l'État ne pourra indemniser les propriétaires atteints par les moratoires.

Je me permets de solliciter votre bienveillante attention sur un sujet que l'importance de cette discussion vous a sûrement empêché d'apercevoir : la consommation de l'eau dans les grandes agglomérations et en particulier à Paris. Je m'explique : l'augmentation du prix du charbon, la cherté de la vie ont amené les blanchisseurs à fermer ou à augmenter considérablement leur tarif. Il en est résulté que les ménagères, femmes de mobilisés ou locataires que vous avez l'intention d'exonérer complètement de leur loyer durant toutes les hostilités et les six mois qui les suivront, il en est résulté, dis-je, que ces femmes ont lavé chez elles non seulement leur linge mais encore celui de parents ou amis réfugiés chez elles. D'où nécessairement exagération dans la consommation de l'eau. Nombreux sont les petits propriétaires que cet abus de dépenses a mis dans une situation très précaire : Nous en savons qui ont une concession de 1.940 mètres et à ce jour 9 juillet une consommation au relevé du compteur de 1.475 mètres soit pour l'année un supplément de 1.010 mètres, c'est-à-dire un excédent de 353 mètres 50. Telle est la situation.

La Compagnie générale des Eaux n'est pas tendre pour les propriétaires malheureux : ce ne sont plus ceux-ci les vautours mais bien les dirigeants de cette Compagnie. Qui paiera ces excédents de dépense d'eau ? Est-ce que celle-ci incombera aussi aux propriétaires victimes des moratoires ? Vous poser la question, Messieurs, c'est vous demander de la résoudre avec l'esprit de la plus grande justice. Quelles pertes ont donc subies ces Compagnies à monopole du fait de la guerre. Aucune. Ne serait-il pas naturel qu'elles participassent, elles aussi, aux malheurs communs et, en l'espèce, subissent leur part des excédents de dépense d'eau ? Je laisse au législateur le soin d'étudier la question et j'attends avec confiance son verdict.

. Recevez,

Le Président :

J. ROUAULT.

L'impôt sur le revenu.

La Chambre a mis la dernière main, hier, au projet d'impôt sur le revenu.

Si le Sénat ratifie les décisions de la Chambre, nous aurons, à partir du 1er janvier prochain, une loi fiscale nouvelle qui abolit complètement notre ancien système d'impôts. Plus de portes et fenêtres, plus de personnelle mobilière, plus de patentes. Chacun paiera selon ses ressources sur les bénéfices commerciaux ou industriels, sur les bénéfices agricoles, sur les salaires, les traitements et les pensions, sur les créances, etc..., en un mot, sur tout ce qui concerne ses recettes, avec, naturellement, une progression et dégrèvement.

Paru dans « La Dépêche » de Toulouse.

Le journal *La Dépêche* de Toulouse a publié le 27 juin un article inspiré, il faut le dire, par un réel sens de la logique et la plus saine justice. Les décrets moratoires ont été, disait *La Dépêche*, pris avec la pensée que la guerre actuelle serait vite finie. Or les événements nous ont démontré que ces pronostics n'ont pas été infaillibles, le Gouvernement doit donc comprendre que s'il a commis une erreur en perpétuant les moratoires, il est toujours temps de la réparer. Aujourd'hui deux moyens s'offrent à lui pour faire cesser la fausse situation actuelle et des propriétaires et des locataires : faire voter de suite une loi qui définisse immédiatement les obligations de chacun, si mauvaise qu'elle puisse être, elle ne le sera jamais autant que l'incertitude et l'anxiété actuelles des intéressés ; ou bien s'il n'en a le temps faire bénéficier les *petits propriétaires* du prochain moratorium pour ce qui concerne leurs dettes hypothécaires et fiscales. Est-il admissible, en effet, que puisse être poursuivi un petit propriétaire privé de ses loyers, à la requête soit de son créancier hypothécaire, soit du percepteur ou du receveur de l'enregistrement, soit même à celle de son propre propriétaire s'il est locataire lui-même à loyer relativement élevé, loyer qu'il ne saurait acquitter et pour cause ? Il y a là une vraie question de justice.

La question de la déclaration de l'impôt sur le revenu a donné déjà lieu à bien des heurts et des controverses. Pourquoi ? Parce que l'Administration n'a pas donné d'instructions assez précises aux contrôleurs qu'elle a institués pour ce nouvel impôt : elle laisse, il semble du moins, à chacun de ces agents le soin, la liberté de son initiative propre. Il résulte que si certains d'entre eux ne font pas de cette loi une mesure draconienne et d'inquisition, il en est d'autres qui paraissent créés et mis au monde pour terroriser les contribuables surtout quand il s'agit de vieilles femmes sans défense. Un exemple une petite propriétaire devait toucher 5.000 fr. de loyer en 1916 — elle a touché juste 1.600 fr. — n'a pu conséquemment payer les 200 fr. d'impôts fonciers ni ses 1.000 fr. de dettes-intérêts hypothécaires. Naturellement elle a déduit ces deux sommes de 200 fr. plus 1.000 fr. de ses recettes, eh bien, le contrôleur estime qu'elles ne sauraient être déduites parce que non payées.

Vous trouvez cette façon de faire stupide et vous avez raison. C'est pour cela que le 23 juin 1917 j'ai fait présenter à M. le Ministre des Finances une délégation de la Ligue de Défense des Petits Propriétaires de Paris et de Province qui lui a soumis nos revendications, c'est-à-dire des revendications justifiées dans l'esprit que je viens d'indiquer.

Puisse la presse prendre en main notre cause : elle est juste, elle est équitable et nous, petits propriétaires, nous sommes aussi des Français.

J. ROUAULT.

Question écrite de M. de Fontaines, député

CHAMBRE DES DÉPUTÉS
Extrait du « Journal officiel » page 1577 du 27 juin 1917.

« 16.430. Question écrite remise à la présidence de la Chambre le 26 juin 1917 par M. de Fontaines, député, exposant à M. le Ministre des Finances le cas du propriétaire d'une maison de 80.000 fr. (valeur d'avant guerre) que le moratorium a privé de tous ses loyers et qui a sur cette maison une hypothèque de 40.000 fr. ainsi que d'autres dettes, et demandant s'il est admissible que le contrôleur de l'impôt sur le revenu refuse la déclaration de ce contribuable comme irrégulière parce qu'il y avait déduit de ses revenus le montant de ses intérêts hypothécaires et des impôts qu'il n'avait pu payer. »

C'est un cas que nous avions signalé à l'éminent député de la Vendée qui, comme on le voit et suivant la bonne promesse qu'il nous avait faite, a immédiatement posé la question au Ministre. Nous avons également exposé notre situation à MM. G. Bureau, Patureau-Baronnet, Balidrant, Leredu, qui se sont tous vivement intéressés à notre cause à la Chambre des Députés. Qu'ils acceptent ici tous nos remerciements.

Réponse du Ministre des Finances à cette question.

L'impôt général sur le revenu porte, chaque année, sur le montant total des revenus nets dont ont effectivement disposé les assujettis pendant l'année précédente, sous déduction, le cas échéant, des charges visées par l'article 10 de la loi du 15 juillet 1914, qui auraient réellement grevé les ressources des intéressés durant la même période.

Il s'ensuit que le propriétaire visé par la question est autorisé à ne pas comprendre dans sa déclaration relative à l'impôt 1917 les loyers qu'il n'a pas perçus en 1916, mais, par contre, ne saurait être admis à déduire de l'ensemble de ses revenus les intérêts hypothécaires et les impôts dont il était redevable pour la même année, mais qu'il n'a pas en fait acquittés (*Journal officiel* du 7 juillet 1917, page 1679).

Il résulte de cette réponse que si un propriétaire paie en 1918 les impôts et intérêts hypothécaires composés (suivant la méthode si avantageuse du Sous-Comptoir des Entrepreneurs) à 6 o/o, charges qu'il devait en 1916, le contrôleur de l'impôt sur le revenu l'imposera sans déduction de ces contributions et intérêts. C'est une véritable spoliation contre laquelle tous les honnêtes gens ont le devoir de protester. Pour être juste et logique, l'Etat devrait en 1918, lors du paiement desdites dettes, exonérer proportionnellement les intéressés et leur en faire l'avoir.

Tant qu'il ne fera pas cette promesse, nous considérerons cette façon de faire comme inqualifiable et très dangereuse. L'Etat a fait trop de fautes depuis quelques années, il devrait avoir le souci de n'en pas augmenter le nombre et de se les faire pardonner.

P. S. — Le Législateur avait autrefois à cœur d'employer dans les textes de lois un langage clair, net et précis. Le contribuable les connaissait mieux parce qu'il en comprenait davantage la raison d'être, la portée et aussi la conséquence de leur inobservation. Aujourd'hui les lois se font à bâtons rompus, sans aucun sens, sans aucune facilité pour leur compréhension et, partant, leur application. Telle est la loi relative au nouvel impôt sur le revenu. Pour en peser les textes et se rendre compte de leur application, il faut l'étudier avec beaucoup de courage et de sérieux. Nombreux sont nos adhérents qui n'ont ni le temps ni la patience de se livrer à cette sorte d'étude ou plutôt de devinette : c'est pour eux que notre ami Me J.-M. Cayla, avocat à la Cour de Paris et juge de paix suppléant a fait un guide pratique. En le rédigeant, l'auteur qui est membre de notre comité consultatif, a pensé être utile à nos petits propriétaires et à leur éviter les conséquences qui pourraient pour eux résulter de l'inobservation de cette loi. Nos lecteurs auront donc le plus grand intérêt à le consulter. C'est à la librairie Albin Michel, 22, rue Huyghens à Paris, que les intéressés devront se le procurer ; coût : 1 fr. 50. — Ils pourront également se le procurer au Siège social contre mandat-poste de 1 fr. 25, à l'adresse de M. le Président de la Ligue. C'est une concession de faveur accordée seulement aux membres de nos groupements de la Fédération.

Alignement.

Alignement demandé par un locataire. — Obligation de ne le délivrer qu'au propriétaire.

Question. — Le locataire d'un herbage joignant une voie publique, aurait besoin d'établir une clôture pour faire paître son bétail. Le propriétaire, par esprit de chicane, refuse de demander l'alignement, avant la délivrance duquel il n'est pas possible d'établir la clôture. Le locataire a-t-il le droit de demander l'alignement en son nom personnel, et l'autorité administrative devrait-elle le lui délivrer?

Réponse. — L'autorité administrative est en droit de refuser à un locataire un alignement, au cas où le propriétaire se refuserait à le demander. C'est ce qui résulte implicitement, mais nettement, de la jurisprudence de la Cour de cassation en vertu de laquelle la responsabilité du propriétaire est engagée, lorsque des travaux ont été faits par son locataire même à son insu à un immeuble en bordure d'une voie publique (Voir arrêts cités, tome I du *Traité pratique de Voirie*, de Rabany de Monsarrat, n° 635 et note tome II, p. 287, note V. notamment Cass., 1ᵉʳ février 1896, Sirey, 1898, 1, 159),

Toutefois si le refus du propriétaire est injustifié et s'il a pour effet d'empêcher le locataire de jouir de la chose louée, le preneur peut, à notre avis, recourir contre son bailleur dans les conditions du droit commun (art. 1713 et suiv. du Code civil); tel est le cas, semble-t-il, du fermier d'un herbage qui ne peut y faire pacager ses bestiaux qu'en l'entourant de clôtures placées à l'alignement de la voie publique.

Mais, selon nous, l'autorité administrative ne peut, même si elle estime que le bail confère au fermier le droit de se clore, délivrer l'alignement, malgré l'opposition du propriétaire, car elle interpréterait, ce faisant, un acte de droit civil qui échappe à sa compétence.

Logement militaire.

Propriétaires absents. — Dégradations. — Délai de réclamation.

M. André Paisant, député, a demandé au ministre de la Guerre quels moyens peut employer un propriétaire n'habitant pas la localité, ou absent momentanément, pour faire constater, s'il y a lieu, les dégâts causés à son immeuble par suite de son occupation par des troupes, ajoutant que, d'après la loi du 3 juillet 1877, en cas de départ prévu à l'avance, c'est séance tenante qu'un procès-verbal contradictoire doit être dressé; qu'en cas de départ, mais que l'application de ces règles est impossible dans le cas de l'éloignement du propriétaire qui, le plus souvent, n'a pas de représentant autorisé dans la commune,

Le ministre a répondu :

L'article 14 de la loi du 3 juillet 1877 et l'article 29 du décret du 2 août 1877 modifié le 27 septembre 1914, prescrivent d'opposer la déchéance à l'habitant.

Par suite, la forclusion ne saurait être prononcée contre le propriétaire n'habitant pas la localité ou absent momentanément, qui n'a pas formulé dans les délais légaux, à la condition qu'il n'ait aucun représentant dans la commune. Les délais ne commencent de courir à son égard qu'à partir du moment où il a eu connaissance des dégâts de cantonnement.

***

Au moment de mettre sous presse, nous apprenons que le Sénat vient de voter le 3 août courant mois la loi des LOYERS. Le texte adopté par la Chambre Haute est à peu près celui qu'elle avait accepté le 28 juillet 1916. Il en résulte donc que cette loi reviendra à la Chambre des Députés et ne sera promulguée, c'est-à-dire définitive, qu'autant que les deux Chambres se seront mises d'accord sur un texte définitif.

Table des matières

ANGERS

IMPRIMERIE F. GAULTIER & A. THÉBERT

4, RUE GARNIER, 4

9 782329 140353